科学如此惊心动魄·历史④

双面人

玛雅文明溯源

纸上魔方 著

吉林出版集团股份有限公司 | 全国百佳图书出版单位

图书在版编目（CIP）数据

双面人：玛雅文明溯源 / 纸上魔方著. —长春：
吉林出版集团股份有限公司，2017.6（2021.6重印）
（科学如此惊心动魄．历史）
ISBN 978-7-5581-2373-3

Ⅰ.①双… Ⅱ.①纸… Ⅲ.①玛雅文化—儿童读物
Ⅳ.①K125-49

中国版本图书馆CIP数据核字(2017)第120274号

科学如此惊心动魄·历史④
SHUANG MIAN REN　MAYA WENMING SUYUA
双面人——玛雅文明溯源

著　　者：	纸上魔方（电话：13521294990）
出版策划：	孙　昶
项目统筹：	孔庆梅
项目策划：	于姝姝
责任编辑：	颜　明　姜婷婷
责任校对：	徐巧智
出　　版：	吉林出版集团股份有限公司（www.jlpg.cn）
	（长春市福祉大路5788号，邮政编码：130118）
发　　行：	吉林出版集团译文图书经营有限公司
	（http://shop34896900.taobao.com）
电　　话：	总编办 0431-81629909　　营销部 0431-81629880 / 81629881
印　　刷：	三河市燕春印务有限公司
开　　本：	720mm×1000mm　1/16
印　　张：	8
字　　数：	100千字
版　　次：	2017年6月第1版
印　　次：	2021年6月第3次印刷
书　　号：	ISBN 978-7-5581-2373-3
定　　价：	38.00元

印装错误请与承印厂联系　　电话：15350686777

前 言

四有：有妙赏，有哲思，有洞见，有超越。

妙赏：就是"赏妙"。妙就是事物的本质。

哲思：关注基本的、重大的、普遍的真理。关注演变，关注思想的更新。

洞见：要窥见事物内部的境界。

超越：就是让认识更上一层楼。

关于家长及孩子们最关心的问题："如何学科学，怎么学？"我只谈几个重要方面，而非全面论述。

1. 致广大而尽精微。

柏拉图说："我认为，只有当所有这些研究提高到彼此互相结合、互相关联的程度，并且能够对它们的相互关系得到一个总括的、成熟的看法时，我们的研究才算是有意义的，否则便是白费力气，毫无价值。"水泥和砖不是宏伟的建筑。在学习中，力争做到既有分析又有综合。在微观上重析理，明其幽微；在宏观上看结构，通其大义。

2. 循序渐进法。

按部就班地学习，它可以给你扎实的基础，这是做出创造性工作的开始。由浅入深，循序渐进，对基本概念、基本原理牢固掌握并熟练运用。切忌好高骛远、囫囵吞枣。

3. 以简驭繁。

笛卡尔是近代思想的开山祖师。他的方法大致可归结为两步：第一步是化繁为简，第二步是以简驭繁。化繁为简通常有两种方法：一是将复杂问题分解为简单问题，二是将一般问题特殊化。化繁为简这一步做得好，由简回归到繁，就容易了。

4. 验证与总结。

笛卡尔说："如果我在科学上发现了什么新的真理，我总可以说它们是建立在五六个已成功解决的问题上。"回顾一下你所做过的一切，看看困难的实质是什么，哪一步最关键，什么地方你还可以改进，这样久而久之，举一反三的本领就练出来了。

5. 刻苦努力。

不受一番冰霜苦，哪有梅花放清香？要记住，刻苦用功是读书有成的最基本的条件。古今中外，概莫能外。马克思说："在科学上是没有平坦的大道可走的，只有那些在崎岖的攀登上不畏劳苦的人，才有希望到达光辉的顶点。"

北京大学教授/百家讲坛讲师

张顺燕

贝吉塔

阴险邪恶，小气，如果有谁得罪了她，她就会想尽一切办法报复别人。她本来被咒语封了起来，然而在无意中被冒失鬼迪诺放了出来。获得自由之后，她发现丽莎的父亲就是当初将她封在石碑里面的人，于是为了报复，她便将丽莎的弟弟佩恩抓走了。

克鲁德
小精灵

善良，聪明，在女巫被咒语封起来之前，被女巫强迫做了十几年的苦力。因为经常在女巫身边，所以它也学到了不少东西。后来因为贝吉塔(女巫)被封在石碑里面，就摆脱了她的控制。它经常做一些令人捧腹大笑的事情，但是到了关键时刻，也能表现出不小的智慧和勇气。它与丽莎共同合作，总会破解女巫设计的问题。

安得烈

外号"安得烈家的胖子"，虎头虎脑，胆子特别大，力气也特别大，很有团队意识，经常为了保护伙伴而受伤。

主人公介绍

丽莎

胆小，却很聪明心细，善于从小事情、小细节发现问题，找出线索，最终找出答案。每到关键时刻，她和克鲁德总会一起用智慧破解女巫设计的一个个问题。

迪诺

冒失鬼，好奇心特别强，总是想着去野外探险，做个伟大的探险家。就是因为想探险，他才在无意中将封在石碑里面的贝吉塔（女巫）放了出来。

班奈特

沉着冷静，很有头脑，同时也是几个人中年龄最大的。

佩恩

丽莎的弟弟，在迪诺将封在石碑里面的贝吉塔（女巫）放出来后，就被女巫抓走做了她的奴隶。

目　录

目 录

第一章

来自另一个世纪的声音

在古罗马的元老院里，民众们在欢呼着。

想什么呢，大思想者？

阿芙和贝吉塔消失了！

什么意思？

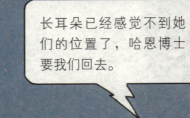

长耳朵已经感觉不到她们的位置了，哈恩博士要我们回去。

2

浪漫而又神秘的玛雅文明

中美洲印第安的先民是充满智慧的，在与亚、非、欧古代文明相互隔绝的条件下，他们独自创造出玛雅文明。

那段蒙着浪漫而又神秘色彩的文明，可谓人类所取得的最为惊人的成就。因为它无论是在科学（天文历法、工程学、数学）方面，还是在农业（玉米、番茄、可可、烟草种植）方面，或是在文化（象形文字、神话、编年史）方面，甚至在艺术（编织、雕塑、绘画）方面，都为后世做出了惊人贡献。

如在文字方面，仅仅在公元元年前后，玛雅人所取得的成就就已经非其他国度可比，甚至达到了登峰造极的地步。

不过，如此伟大的文明却在500年前神秘"消逝"了，而那些可探求的秘密则全都隐藏在中部美洲的热带丛林中。

玛雅文明的所处的疆界

　　玛雅文明所处的区域总面积约为320000平方千米，而若是论及其究竟包含哪些地区，则有如下几种划分形式。

　　（1）从地理位置上划分：玛雅文明区处于中美洲，不仅西邻太平洋，而且东濒大西洋的墨西哥湾和加勒比海。在北部，更有突出的尤卡坦半岛。

　　（2）以现代政治国家疆域划分：玛雅地区包括墨西哥南部、伯利兹、危地马拉，以及通往中南美洲走廊上的萨尔瓦多、洪都拉斯。

　　（3）以地形、气候、植被类型的不同划分：由南向北可分为高地、低地、平原。其中，高地位于危地马拉，低地是以危地马拉东北部佩腾湖为中心的流域盆地，平原则由南向北依次过渡到尤卡坦半岛平原。

玛雅文明一共经历了几个阶段?

答：玛雅文明一共经历如下几个阶段，才达到了至今仍让人惊叹的程度。

（1）公元前1000年到公元3世纪，属于玛雅文明的形成期，或称前古典期。

（2）公元3世纪到公元9世纪末，为古典期，或称旧帝国时期。这是一个全盛期，玛雅文明却在最鼎盛之时突然衰落。

（3）公元10世纪到公元16世纪初，为后古典期，或称新帝国时期，人口主要集中在尤卡坦北部平原，文明进程因西班牙人的入侵而中断。

（4）到公元16世纪以后，便步入殖民统治时期。此时，玛雅文明受到严重摧残。

第二章

阿芙，你到底是谁

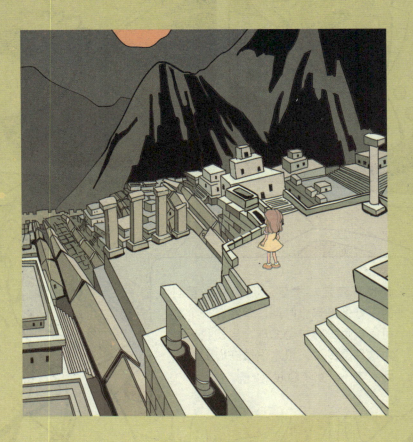

夕阳如火般烘烤着奇琴伊察这座古老的城市。城市中央的库库尔坎金字塔上，随着一道光芒的消失，丽莎几人从天而降，姿势各异。

哎哟，摔死我了！克鲁德，你一定是故意的，每次都这么不温柔。哎，我们这是在哪儿？

玛雅金字塔

在玛雅那灿烂而又神秘的文明里，金字塔可谓是较为重要的象征。而且，聪明的玛雅人竟将这些金字塔建造得各具风格，造型不一。

（1）平顶型的金字塔：这种类型的金字塔，在平顶上都会建有庙宇。在后世遗迹中，该类型的金字塔最为常见，可谓玛雅金字塔的基本形态。

（2）尖顶型的金字塔：在后世遗迹中，仅在蒂卡尔城存在一座该类型的金字塔，而且位于顶上的美洲虎神庙非常小，因此经常被人误认为塔尖。

（3）壁龛式金字塔：该类型金字塔的塔基是边长为118米、高度为80米的长方形，共分为7层，塔身上还雕凿了365个方形壁龛。

（4）陵墓型金字塔：到目前为止，仅在帕伦克城发现一座用于陵墓的金字塔。

奇琴伊察

奇琴伊察位于尤卡坦半岛北部的干旱地区，居民的生活用水全部来自两口由石灰岩层塌陷而形成的天然井。据说，奇琴城修建于公元6世纪，而伊察人则在公元10世纪以后才来到奇琴，并将那两口井据为己有，兴高采烈地冠上自己的名字。而奇琴伊察这座古老的城市便在这两口井的基础上奇迹般地诞生了。

其实，奇琴伊察不过是一座石头城，由众多的石制寺庙，以及庭院构成，如柱厅殿堂、金字塔神庙、天文观象台等。而在众多的建筑中，那座令人胆寒的巨大"人祭球场"就坐落在城市的一端，而那座宏伟的库库尔坎金字塔则伫立在城市的中央。

玛雅金字塔与埃及金字塔
有什么不同?

答:(1)在建筑形式上:埃及金字塔的塔顶是尖的;而玛雅金字塔塔顶则是平顶居多,整个塔体呈方形,在塔顶上甚至还建有庙宇。

(2)高度上的不同:埃及金字塔中最大的胡夫金字塔高146米,而玛雅最高的金字塔"蒂卡尔4号神庙"仅高75米。

(3)作用上的不同:埃及金字塔主要作为法老的陵墓;而玛雅金字塔主要用来举行各种宗教仪式,仅有少数被作为陵墓。

(4)数量上的不同:与埃及金字塔相比,玛雅金字塔的数量较多,仅墨西哥境内,竟已发现10万余座金字塔。

第三章

金字塔“惊魂”

呜……这座神庙有6米多高，掉下去会摔成一摊肉泥的。丽莎，救命啊！

他说得没错，这么难得的奇观，这么宏伟的建筑，是要好好欣赏一下。

这就是一座九层圆形祭坛，还是用泥做的。除了有30多米的傲人"身高"外，真没什么好看的！

库库尔坎金字塔

　　若是时光真的能够逆转，让库库尔坎金字塔恢复当初完好的样貌，我们就不得不感慨玛雅人的智慧：瞧，那九层圆形祭坛有着30多米的傲人"身高"，以及将近250米的周长。

　　在它的四面还各铺设91级直通顶部的台阶，加起来共有364级台阶，再加上塔顶那被称为"羽蛇神庙"的坛庙，共有365级台阶，恰好象征了一年中的365天。而且，在台阶两侧，各有宽达1米的边墙，而在边墙下端，竟还有一个头戴羽毛的大蛇头石刻，在蛇嘴里竟还吐出一条蛇芯，栩栩如生中却又透出独特之味。

光影蛇形

所谓光影蛇形，是与库库尔坎金字塔有关的一种神秘景象，而且，这种景象的发生与玛雅人的智慧是分不开的——在建造金字塔前，他们曾对金字塔做过精心的几何设计。也正是因为如此，世人才有机会领略到那令人叹为观止的奇观。

在每年的春分、秋分两天的日落时分，位于北面一组台阶的边墙在阳光的照耀下，会形成七段弯曲的等腰三角形，再连同底部那雕刻的蛇头，像极了一条正从塔顶向大地游动的巨蛇。而此情此景，也恰好象征着羽蛇神在春分时苏醒，悠悠荡荡地爬出庙宇。而每一次，这种宛若羽蛇神降临的幻象都会持续整整3小时22分钟。每当此时，玛雅人都会欢聚在一起，载歌载舞，庆祝羽蛇神的降临。

玛雅人的石头建筑是如何建成的？

答：玛雅人是智慧而又勤劳的，他们在没有金属工具、没有大牲畜、没有大轮车的情况下，却建成了那么多的石质建筑。那么，他们是如何做到的呢？

仅以竖立一块石碑为例：

（1）采石坯。安山岩具有整齐的纹理，因此玛雅人便根据岩床的自然纹理进行切割。

（2）搬运石碑。生活在热带雨林的玛雅人就地取材，将硬木制成圆木条，然后再利用滚木让巨型石碑滚落到目的地。

（3）立石碑。他们先将石碑插入一个与底座相当的凹槽，再借助滚木立石碑。

第四章

安得烈成为"人祭"

玛雅人的球赛只是为了娱乐吗？

在奇琴伊察，至今还遗留着玛雅时期一座规模较大的球场，若是你身临其境，相信只看一眼，便会从心底莫名升起一层寒意，原来那所谓的球场不过是一个呈"1"字形、总长度为150多米的封闭广场，与现在的田径场相比，自然略显窄长。

而且，在球场的两头还各耸立着一座庙宇，更有两座高高的看台占去球场一大部分空间，只空出中间部分作为比赛场地，而看台靠近场地的一侧则自然形成两面高墙。只是，稍显奇怪的是，在墙上竟然还有环形球洞与地面垂直，而这球洞显然是有所用途的：原来玛雅人要尝试着将球击进球洞。不过，千万不要以为这是玛雅人的一种娱乐方式，其实他们不过是利用投球来决定人祭的身份。

是谁首先发现了玛雅文明

在古代南美洲的墨西哥高原和中美洲地区，玛雅人在既没有金属工具，更没有大型机械，而仅仅采用新石器时代的生产工具的情况下，在原始密林中建造了一座座规模令人咋舌的巨型建筑，以及雕刻精美、含义深邃的纪念性石碑和建筑装饰雕刻……

玛雅人创造了集象形、会意和形声于一体的文字，并用这些文字记载了大量天文和数学知识，以及众多的历史事件……

这一切，昭示着古代玛雅人曾创造过的令世人惊叹的玛雅文明。

然而，玛雅文明似乎是从天而降，在最为辉煌繁盛之时，又戛然而止，消失在那片原始密林中，给世界留下了巨大的困惑。

1839年，美国人约翰·史蒂芬根据一个在中美洲长期流传的古代神话传说中的暗示，在中美洲洪都拉斯的茂密丛林中，发现了一座神奇而雄伟的古代宫殿遗址，随后一批又一批的考察队，相继来到南美洲的丛林和荒原上，共发现废弃的古代城市遗址多达170处。这些遗址所代表的即是为后人所称道的辉煌灿烂的玛雅文明。

玛雅文明是
怎么消失的?

答：关于玛雅文明消失的原因，至今没有一个确切的答案。

有学者认为是自然原因，比如：大地震、干旱缺水等。

也有学者认为是人为原因，比如：乱砍滥伐导致环境恶化、耕作方法原始而落后导致粮食短缺等。

更有趣的是，有学者认为玛雅人来自于外星球，为采矿而来到地球，后来由于墨西哥高原爆发战争，为躲避战火，他们便乘着太空船飞回了自己的星球。这种说法，大概是因为玛雅人曾创造的文明是科技高速发展的今天也无法解释的吧！

第五章

拯救安得烈

可敬的祭司们，你们如此尊贵，怎么能让你们抬着我？不如放我下来，我自己走。

你再说一个字，信不信我割掉你的舌头？

玛雅人的服饰

　　在玛雅时代，也许是因为气候的原因，那时的男人们最标准的穿戴就是遮羞布、披肩、凉鞋，以及相应的头饰。其中遮羞布不过是一条五指宽的长带子，但长度却足以绕腰部数圈，然后再兜住胯下，并将一头搭在腹前，另一头垂在身后；披肩更是简单，只是一块方布；凉鞋则多以平底外加若干麻线作为基本样式；他们的发型多为长发，并朝天梳起，在头顶扎成一束。

　　玛雅女子穿一种四方如麻袋的白色直筒裙，只在颈部的开口处绣着或简单或复杂的绣样，而裙摆处的绣样则与颈部的相呼应。而且，玛雅女子在出门时，必定要包裹上大方头巾，将头、脸包裹上，连胸部也一并遮盖住。

玛雅人的身份是如何划分的？

在玛雅，虽然不流行印度的种姓制度，但其人口却基本可分为四个群体：贵族、祭司、平民、奴隶。玛雅人将哪些人可划分为这四类群体，做了如下规定：

贵族：包括君王、村镇级的酋长，以及其下属的各级头目。

祭司：若单从阶层的血统上来讲，祭司与贵族之间的关系着实微妙。如身为祭司，却可娶妻生子、子承父位。而且，在玛雅也有如下规定：贵族的长子继承父位，幼子则有权选择成为祭司。

平民：普通农业生产者被归为平民，他们建造了那些宏伟的金字塔神庙、仪式中心、大型廊柱、宫殿等。

奴隶：处在社会的最底层。他们有的生来就是奴隶，有的是窃贼、战俘或孤儿，甚至是人贩子贩来的人口沦为奴隶。

玛雅人的身份
与装扮有关系吗？

答：对玛雅人来说，不仅仅在穿戴上，就连他们所喜欢的彩绘，都能表示他们身份的不同。

衣饰：普通男子只能穿着无色彩的白布，不过可利用家中女人的巧手在衣服上加上刺绣或是羽毛饰品；君王、贵族、酋长、祭司、武士的装扮则要艳丽许多，各色饰品更是争相被挂在身上，如贝壳、玉石等。

彩绘：玛雅的男女都喜欢文身，更有用颜料涂脸的习惯。如未婚男子将脸、身上涂成黑色，婚后则全部涂成红色；俘虏会被涂上黑白条纹；祭司则会涂成蓝色。

第六章

顺利脱困

尊敬的羽蛇神，请您先等一等，我们马上去取玉米。这个孩子……不，这位小英雄……

他留下来。至于你们，马上从我眼前消失。

43

45

祭司的职责是什么？

　　玛雅祭司的总称为"Ahkin"，有太阳之子之意。显然，他们在玛雅人心中有着一定的地位。而且，不仅仅限于普通百姓，就连贵族阶层的各级首领都对他们尊敬不已，甚至会定期向他们进贡。

　　而身为祭司，他们本身自然也承担着一定的职责，甚至说他们掌握着玛雅文明的钥匙。是他们，定期指导农业生产；又是他们，对政事预卜吉凶。因此，君王会经常求教于他们，而祭司则尽一切可能回答出让君王满意的答案。可以这么说，祭司虽然并未从事过任何生产活动，但他们却直接对社会命脉加以掌控。

　　不过，在祭司中还存在着这样一些角色：他们能够讲述神谕，被誉为"先知"，很受民众的爱戴；他们负责在祭祀仪式中执刀，被称为"刽子手"，而且是终身制的刽子手。

玛雅人心目中的羽蛇神

在玛雅人看来，种植玉米可是一件天大的事儿，而羽蛇神又偏偏与雨季同来，因此，羽蛇神在玛雅人心中享有一定的地位，可以说是他们最为崇敬的神祇。

其实，羽蛇神是有名字的——库库尔坎，它主宰着晨星，又发明了书籍、历法，而且又为人类带来了营养价值丰富的粮食——玉米。不仅如此，羽蛇神还是祭司的保护神，代表着死亡和重生。

那么，在玛雅人的心中，羽蛇神是怎样的一个形象呢？细细看那些残存在玛雅遗址中羽蛇神的形象，我们不难发现，它着实与中国人所想象的龙有几分相似，同样是腾飞之势，就连那蛇头都与龙头有几分神似。

玛雅人
都迷信什么？

答：（1）在生活方面的启示，比如燃烧的火柴掉到地上，仍能继续燃烧，这便是一个好兆头；而火柴掉到地上后能持续烧完，则表明扔下火柴的人能够长寿。比如猎人若是卖掉自己逮到的鹿的鹿头、肝或是鹿肚，那么在日后其必定会遭到厄运等。

（2）在做梦方面的启示，比如梦到红色的土豆便会预示着婴儿将要死亡；梦到拔牙，而且还疼痛无比，则预示着近亲在世之日不多；梦到黑牛冲进家里或摔碎水罐，便预示着家中会有人辞世等。

第七章

发现贝吉塔

50

我们正处于13世纪的玛雅时代，这座城本身就是由石头建筑构成的。而我们刚才所在的库库尔坎金字塔就在这座城市的中央。

你与长耳朵"时空密语"完，就一言不发地带着我们往这个方向走，是要去找阿芙吗？

长耳朵还是感知不到阿芙的信息，不过却微微感觉到贝吉塔在库库尔坎金字塔东面的勇士庙里。

呃，为什么是那个老巫婆？

那我们要快点儿了，贝吉塔神出鬼没的，但愿她还在勇士庙。

夜色浓重，被称为勇士庙的四层金字塔显得分外神秘。庙前那或是方形或是圆形石柱支撑的巨大宫殿在夜色的笼罩下，也透着神秘的味道。

不过是一座武士庙，竟然这么大规模？

别慨叹了，圣殿在最顶层，留着力气爬台阶吧！

蛇头武士庙

在库库尔坎金字塔的东面，有一座建于公元11世纪的四层金字塔，那便是玛雅人心中的勇士庙。尽管现在我们看到的只是一些残存的遗迹，但也能想象出当初它是如何的恢宏。

在庙的前面、南面耸立着一大片方形或圆形的石柱，便是"千柱群"。曾经，这些雕满花纹的石柱上面撑着的可是一座巨大的宫殿。而今，便只余下这片石柱，还有刻有浮雕的石墙。再往上看，我们便会看见大门上还有两根纤细的蛇形柱，蛇头更是雕刻精美，两边墙面亦雕有龙头蛇身图案的浮雕，梯道两边的顶端还立着栩栩如生的武士小雕像。而且，那通到圣殿的阶梯顶上还斜倚着"恰克莫尔"的神像。

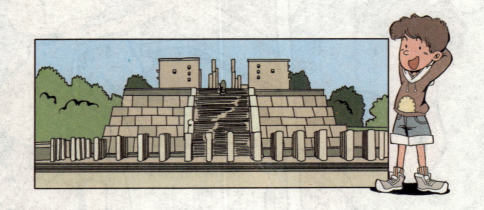

玛雅人的"太空船"

　　1950年的夏天,一队探险家在墨西哥南部的一座金字塔式的庙宇内,发现一幅在考古史上最令人感到震憾与不解的浮雕。

　　这幅浮雕上刻画了一个青年,正在操作一台类似于今天的太空船的飞行器。飞行器的前端突出,在其后安有仪表盘,接着就是仰卧的"太空人",他的左手按着仪表盘上的按钮,右手紧握着控制杆,更妙的是在其头部,还有根连接在圆形氧气瓶上的呼吸管。飞行器有强力引擎,机身后部有四根排气管,正向后喷出火焰。

　　玛雅人为什么要刻这幅浮雕,又是依据什么雕刻的?难道玛雅人已经掌握了探索太空的知识,亦或是他们原本就来自于太空……这些问题都是现在还无法解答的。不过,我们相信,在不久的将来,经过科学家们的不断探索研究,这些问题将一一得到解答。

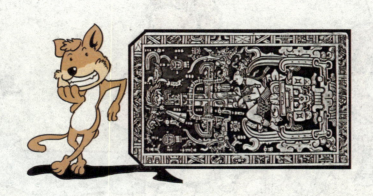

玛雅人都崇拜哪些神祇？

答：玛雅人所崇拜的神祇似乎都与自然元素有着关联，甚至可以说那些神的命名与职责都表明了他们对自然元素的敬畏之意，如九联神中的天神伊特萨姆纳，主宰雨水的雨神恰克，风神库库尔坎，能为玛雅人带来收获的云神尤姆·卡克斯，战神伊斯塔布，死神阿·普切，祭神柯卡塔，有"商旅向导"之称的北极星神萨曼·埃克，女神伊斯切尔。

第 八 章

被困勇士庙

到……到了……喘口气再……再进去！

咯咯……

玛雅人献祭时，祭品就摆在那里。

在玛雅人心中，哪些人死后能上天堂？

在玛雅人心中，天堂是在13层天之上的。在那里，存在着他们所能想象到的一切美好的事物。只是，关于哪些人在死后才有资格登上天国之路，玛雅人所规定的条件着实让人感到意外。

在他们看来，唯有战死的武士、人祭、祭司，以及难产而死的妇女才具备这样的资格，那么，这其中又有什么样的深意呢？

战死的武士：为了鼓舞军心，培养为了民族利益而不惜捐躯的尚武精神。

人祭：其本身就是玛雅人送给天国神灵的礼物。

祭司：祭司是来自天国的使臣，而他们在死后则理所当然地要回天国述职。

难产而死的妇女：繁衍生育是一件伟大的事情，而为这件伟大的事情付出生命的人更加伟大，所以难产而死的妇女自然而然地会进入天堂。

流传于玛雅时代的大洪水神话

　　在这则神话里，主人公是一位以伐木为生的玛雅小伙子，他在林中砍树时，偶遇大地女神。女神告诉他，在五天后将会有一场大洪水，会淹死所有人和兽，然后一切再重新开始。她要小伙子打造一个密实的大木箱，可躲到里面避难，但要带上五粒玉米种子、五粒豆种、五根保存火种的松枝，以及一条大黑狗。小伙子感谢女神的关照，并依照她的吩咐准备好一切。第五天，他依言躲进木箱，而洪水也如期而至。女神则坐在箱子上随波逐流，木箱一共漂流了五年，洪水在第六年逐渐退去。

　　最后，箱子停在一座山顶上。小伙子钻出木箱，在与女神告别后，决心伐树垦荒。后来，在与大黑狗相依为命的日子里，他发现那黑狗竟是一个女孩穿着狗皮变成的。于是，他烧掉了狗皮，并与女孩结为夫妻，生下许多子女。人类，也因此重新繁衍起来。

玛雅人所谓的
四个世界是什么？

答：第一世界：这个世界的居民是一些矮人，他们曾建造了不少伟大的城市。后来，第一世界被一场大水摧毁。

第二世界：这个世界的居民是侵略者。后来，他们都被大水吞噬了。

第三世界：这个世界也曾居住着一群玛雅人，他们是一群普通的百姓，后来，却淹没于一场大水。

第四世界：第四世界则为"现世"，生活在这个世界的居民，既有前三个世界幸存下来的人，又有第四世界自己的居民。

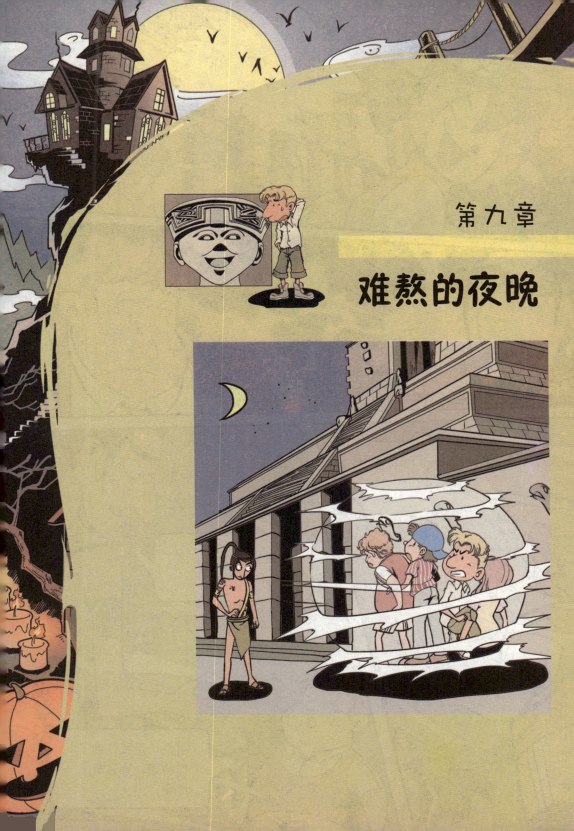

第 九 章

难熬的夜晚

玛雅人的名字

在玛雅时代，每当孩子出生时，都会由祭司为孩子起名，而且，这个名字将会伴随孩子整个童年。当然，在祭司为孩子起名时，也顺便为孩子预卜命运。更有些幸运儿，很有可能会因此被选中成为侍从祭司，接受职业方面的相授。

其实，玛雅人一般有三个名字，有些人甚至还有四个。下面，就让我们来看一下玛雅人的名字吧。

（1）刚出世即会获得，相当于乳名。通常，男孩子在动物或动物身体的某一部位名之前加上"阿"，如阿羽，女孩子的名字前加上"细"，如细蚕。

（2）父亲家族的姓氏。

（3）父亲与母亲两个家族姓氏的组合，主要在结婚后用。

（4）绰号，如"猫头鹰"指长得像猫头鹰。

玛雅人那以畸形为美的风尚

也许是审美观的问题，在玛雅人眼中，他们居然认为夹扁的头形、压低的额头才是美的。显然，若是现代人长着这样的头形，很可能会被认为是畸形。然而，玛雅人却极为崇尚这种畸形美，并以此作为尊贵的标志。而且，为了达到"变形"的目的，甚至不惜对刚出生的婴儿"下手"，真可谓极其不人道。

当婴儿降生时，他们首先要接受施礼，而四五天过后，便要开始经受一系列的磨难：那些婴儿的头上会被绑上两块头板，其中一块绑在额头，一块绑在后脑。而且，这副头板将要在婴儿的头上固定若干天，而头板一旦被取下，那被夹成扁平的头形也将会伴随孩子的一生。

在玛雅时代，还有哪些方面的
特征显示身份尊贵？

答：在玛雅人看来，斜视眼竟然是显示身份尊贵的标志。因此，母亲们便努力将自己的孩子变成斜视的模样。那么，她们又是如何做的呢？

母亲们会在孩子两眼之间的刘海上悬挂某种小玩意儿（多为树脂小球），而这些小球便会在孩子的眼前晃来晃去，使得他们的目光不由自主地追随着小球。久而久之，孩子的眼睛便开始出现内斜视的状况，并最终成为斜视眼。

当然，为了显示自己身份的尊贵，玛雅人也没有放过头上的其他部位。如他们会将耳朵、鼻孔间的隔膜、嘴唇等部位穿上孔眼，以用来悬挂各种材质（玉质、金质、木质、贝壳、骨头等）的装饰品。

第十章

贝吉塔行动了

77

玛雅人的食物

也许是因地制宜的关系，玛雅人对种植玉米情有独钟，因此，玉米自然而然地成为他们的必需品。玉米虽然被列为粗粮，但聪明的玛雅人却将它们做成了很多花样：如玉米浆可煮粥，或直接利用烧红的石头将玉米浆烙成面饼；他们有时甚至会在用玉米所做的食物中加入辣椒或可可粉调味，那味道堪称一绝。

他们除了种植玉米外，还会栽培西红柿、菜豆、南瓜、辣椒、葫芦、甘薯等，并将它们作为食物。当然，他们也是吃肉的，而那肉的来源自然是他们亲手捕获的动物，如鹿、野猪、野兔、松鸡、野火鸡等。不仅如此，他们还种植经济作物，如可可豆、烟草、蓝靛草、龙舌兰等。

玛雅人是怎么捕猎的？

　　玛雅人不仅会捕动物，还很擅长捕鱼，甚至捕飞鸟。那么，他们又是如何捕猎的呢？

　　（1）对付鹿、野猪、野兔、松鸡、野火鸡等，他们多会采取直接猎取或诱捕的手段。

　　（2）捕鱼：玛雅人会利用钓线、渔网，以及弓箭捕鱼。那些沿海居住的玛雅人甚至还会用渔叉捕获儒艮（美人鱼）。

　　（3）捕鸟：为了对付那些飞鸟，他们有时会用弓箭，有时甚至会利用长矛。后来，聪明的他们又发明了一种吹箭筒，那是一种将泥丸装在细管中的装置。若是盯上了哪只飞鸟，他们只需用嘴轻轻一吹，泥丸便会立即射出，而那只倒霉的飞鸟一旦中丸，便很难再展翅高飞，只能乖乖"任人宰割"。

玛雅也崇尚
男尊女卑吗？

答：在玛雅社会里，男性处于绝对的优势地位，而女性地位则要卑微很多。她们被禁止参加各类宗教仪式，不得进入玛雅庙宇，甚至不允许在街上正视男子。即便在家里，她们也毫无地位可言。如在用餐时，不仅丈夫要先于她们，就连儿子也要先于母亲用餐。男人结束工作回家后，将会享受到妻子为他准备的一顿美餐。当丈夫用完餐后，妻子更要为丈夫准备好热热的洗澡水，以及干净的衣服。若是妻子没能准备好热水，丈夫则可以对妻子动手。关于这一点，甚至被写进西班牙统治时期的法律条文。

第十一章

安得烈发怒了

啊，女子竟然进了圣殿！大祭司，神会惩罚我们的！

大祭司，那小子……真像你说的那样，我们被骗了。

不用担心，我知道怎么做。抓住那女孩儿，把她献给圣井。至于那几个小子，就献给尊敬的羽蛇神。

83

玛雅人眼中的圣井

　　玛雅人眼中的圣井不过是两个椭圆形的天然蓄水池，而这种伟大的创造，当然要归功于大自然的鬼斧神工，而不是某位神灵。只是，蓄水池的构造和深度在某种程度上都容易让玛雅人认为这一切与神灵有关。

　　那直径足足有五六十米形似不规则椭圆的井口；还有那岩层叠压在一起的立陡井壁；更有那井口到水面的距离，与水面到井底之间的距离同样是二十多米的巧合，这么多奇特的景观，无一不让玛雅人对圣井冠以神圣的概念。

　　因此，每当出现饥荒、瘟疫、旱灾等情形时，就要将活人投进井里进行献祭。

玛雅人的圣井在哪里？

　　玛雅人心中的圣井位于墨西哥西南部，一座名为奇琴伊察的玛雅文明遗址旁。

　　玛雅人认为他们所崇拜的雨神就居住在圣井之中。为了表示对雨神的崇拜，玛雅人在圣井边用大理石建造了宏伟高大的神庙，以及各种带有宗教色彩的建筑，这就是我们今天所看到的奇琴伊察古城。而"奇琴伊察"在玛雅语中其实就是"圣井"的意思。

　　传说，每逢干旱，庄稼枯萎时，玛雅人就认为是雨神发怒了。为了安抚雨神，玛雅人会在圣井边举行大型祭祀活动，并向井中投入各种祭品，其中包括各种金银财宝。

什么是"三城同盟"?

答：在玛雅的历史上，无论是在文化方面，还是在科学方面，都以古典时期最为繁荣。但若是涉及政治或军事方面，其强盛时代却是姗姗来迟。而"三城同盟"也因此应运而生。

所谓"三城同盟"，即在公元11世纪初，玛雅潘、奇琴伊察、乌斯马尔三座城市之间的结盟。也正是在此时，玛雅历史上开始出现三雄鼎立、合三而一的进程。

第十二章

观象台上的祭司

又来了……

还愣着做什么，一起上！一定要抓住那个女孩儿，要不然圣井枯竭，我们会渴死的。

长耳朵，求求你赶紧说完吧，要命啊！

没时间了……公元925年，奇琴伊察。

哦！

大祭司？这……这……他们到底是谁？

那个女人在说谎？

啊，他们是羽蛇神派来的使者！尊敬的羽蛇神啊，请原谅我们的冒犯！

他在看风向。玛雅人在播种玉米时都要先烧林。但是，那么大的一片林子要一把火烧完，必定要借助强劲的风势。所以，祭司们就会登高远眺，根据太阳、月亮，还有其他星辰的升起和降落位置，来预见天象。

哇，好厉害，真人版的气象台。

这次出现的是谁？

奇琴伊察的天文观象台

奇琴伊察的天文观象台是一座圆塔形的建筑物，虽然现在只能看到那残留的遗迹，但也能想象到它曾经是多么的辉煌。

整座塔足足有12.5米高，而天文台就建在两层高台之上。而且，高台上面台阶的位置，为了与重要的天象相配合，都经过精心计算。不仅如此，台阶和阶梯平台的数目更是分别代表了一年的天数和月数，而那52块雕刻图案的石板则象征着玛雅历法中52年为一轮回；天文台的方向定位也经过精心考量，其阶梯朝着正北、正南、正东和正西。塔内则有一道螺旋形楼梯直接通到位于塔顶庙宇中的观测室，室中更有一些位置准确的观测孔，可供祭司们向外观测，并计算出星辰的角度。

祭司们是怎么观测天象的？

在玛雅时代，关于天文方面的观测是由祭司全权负责的。那么，他们是如何观测的呢？

每当他们要观测天象时，便会登上观测塔，并走到塔顶的庙宇，在庙宇的观测室里向外观测。当然，既然要观测，肯定要有观测点，而用来确定观测点的工具则是一个十字形尺子。当观测点定好后，便从这个点参照远处地平线上的某些固定标志（如可以是某座山的山顶或两山间的凹点），来观察太阳、月亮，以及其他星体的升起和降落位置，并利用这些位置的周期性变化计算出它们的会合周期，从而推论出日月星辰的运动规律，进而预见日食、月食或其他特殊星象。

玛雅的**历法**
什么样?

答:玛雅历法是一套以不同历法与年鉴所组成的系统,下面就让我们具体了解一下玛雅人的智慧吧!

因为玛雅人崇尚二十进制的计数方法,所以他们规定每个月有20天,而且,他们通用的历法有两种:作为宗教崇拜所用的"圣年历"和被称为"民历"的太阳历。

其中,圣年历将一年分为13个月,每月20天,因此全年共有260天;而太阳历则每年有18个月,每个月有20天,再另外加上5天的禁忌日,全年则共有365天,而且,他们还规定,每4年加闰一天。

第 十 三 章

奇怪的可可豆

奇琴伊察市区。

咦，玛雅人做生意不用钱吗？怎么那个男人用一把可可豆就换了一只肥头大耳的兔子？

少见多怪，玛雅人的货币就是可可豆。

说对了。玛雅人眼中的圣井，其实就是天然的大蓄水池。啧啧，大自然就是强大，造出这么完美的景致。

井边有人守着，怎么过去？

走过去呗。大英雄，难道你想飞过去？

其实，我倒有个主意。就是得委屈你！

正经点儿！

硬拼拼不过，法子没想到。

玛雅人的货币是什么？

玛雅人的货币非常独特，既非金，又非银，而是天然植物——可可豆。如用10粒可可豆就可以换一只兔子，而换一个奴隶则需要100粒左右的可可豆。

在玛雅人看来，可可豆并不是一个直接可以与货币相提并论的东西。而且，可可豆也并非和"生来就是货币"的黄金一样，成为跨越时空的一般等价物。其实，在玛雅时代，不仅仅是可可豆，有时贝壳、铜铃、小斧头、布帛等也会作为交换单位，可以"买"回与其价值相当的物品。

玛雅的贸易

在公元元年后的八个世纪中，不同时期的玛雅部落前后共建立一百多个城市，其中比较有名是帕伦克、科潘等。城市的兴盛表明了古代玛雅的经济比较发达。

玛雅人的手工业水平很高，玛雅人会用陶土制成各种器皿，用燧石或黑曜石制成各种工具和武器，用棉花织成布匹，用金、银、铜、锡等制成合金，再加工成各种器皿和装饰品。手工业的发达使物品有了交换的需求，由此催生了市场交易，一般的集镇和城市都有市场，玛雅人可以在市场上自由地进行交易。

由于商品经济发达，玛雅人有广泛的贸易往来，其经济活动远至南美洲哥伦比亚一带。主要的贸易商品有可可、盐和黑曜石。

智慧树

对玛雅人来说，有哪些**物品**可作为**商品**?

答：对玛雅人来说，在自然界中有很多物品都可以成为他们进行交易的商品。

如丰富的矿产，各种树木的树脂，漂亮鸟类的羽毛，硬木，可用作药材和香料的各种植物、贝壳、珍珠、珊瑚、蜂蜜、陶器、玉雕、织物等。

显然，也正是因为这丰富的各式物品，玛雅社会才出现了专门的商人阶层，其中一部分人为权贵人物，另一部分则是普通百姓。平时，他们都会利用奴隶来搬运货物。而且，他们为了便于贸易往来，在各个重要城邦之间，竟然还铺上了相连的碎石路，并有特制的通商路线图。

104

第十四章

神秘女孩儿的指示

曾经辉煌的帕伦克宫殿

帕伦克坐落在恰帕斯州北部，是典型的玛雅文明遗址。这座古城的历史可追溯到公元前1世纪，而城市发展的顶峰时期则在公元600年到700年间。

帕伦克的主要建筑是1座宫殿和5座神庙，而且，考古学家们还根据这些建筑的特点，为它们各自起了名字，如帕伦克宫、太阳神庙、狮子神庙、碑铭神庙等。

其中，帕伦克宫殿就建造在梯形台上，像极了一个八阵图，"阵图"里有无数庭院、门廊和房间。而且，仅宫殿底座的土台就庞大无比，有着100米的长度，80米的宽度，10米的高度。宫殿内部更是装饰着风格华丽、技艺精湛的壁画和浮雕。而在宫殿通道的浮雕上，不但绘有帕伦克国王巴加尔加冕时的盛大情景，也有专门描述其生平事迹的画面。

铭文庙

　　铭文庙可谓帕伦克遗址中最为宏伟的一座建筑，而且其更是集金字塔、庙宇、墓葬为一体的建筑，千百年来，这座宏伟的建筑就那样默默地耸立在原始森林中，然而即便它没有任何言语，也足以向世人昭示着它曾经历经的沧桑。

　　其中，那高耸的金字塔有整整九层，而铭文庙便伫立在最顶层，加上神殿的底基，整座神殿整整高21米。而当我们终于爬上那最后几级台阶后，便可直接进入"铭文庙"的主厅。当然，最引人注目的便是嵌在后墙的那两块大石板，因为那上面镌刻着620个玛雅象形文字，那排列整齐的样子，像极了棋盘上那摆好的棋子。而且，这些文字有的看起来像人的脸庞，有的像怪物的面孔，有的甚至像一些神话中的怪兽。不过，这两块石板上到底描述了什么，至今也没有人真正破译出来。

铭文庙墓室的
主人是谁?

答:在神殿主厅,那两块刻着象形文字碑铭的左边有一个楼梯口,通过一道陡峭的阶梯,会一直到达金字塔深处的一个房间。那个隐秘的房间其实是一间拱顶密室,密室内有一口被架在6根石柱之上的石棺,而石棺的主人便是帕伦克国王巴加尔二世。

这是一间长为9.14米、高为7米的墓室,拱形屋顶用石柱支撑,四周的墙壁则装饰着高视阔步的"九神"浮雕。而且,那具巨大的石棺恰到好处地就处于九神的俯瞰下,而那位墓室的主人现在只能用一副高大的骨骸来形容,它就躺在石棺里。

第十五章

贝吉塔崩溃了

玛雅的象形文字

象形文字又有"神圣的雕刻"之称，显然，这其中的深意与玛雅的象形文字倒是匹配得恰到好处。

其实，玛雅的象形文字都由专门的神职人员负责刻写，因此其中高深莫测的含义根本不是普通的玛雅人所能了解的，更别说我们这些后世之人了。

目前，已知的玛雅象形文字有850余个，不过只有一部分被破解，剩下的一部分尽管经历了数百年，人们依然未能探明其中的深意。

后世人对玛雅象形文字的猜测

　　有人说，玛雅象形文字自身所具有的发展契机和动力与玛雅人的宗教有一定的关系，而且玛雅人有着丰富的想象力与抽象思维，能将那些具象的描绘与特征夸张的抽象很好地统一起来。因此，世人认为，玛雅人最初所刻的象形文字，很有可能就是玛雅诸神。而且，那些神有着特别的形象，不是长着野象的獠牙，就是长着长鼻子，要么就干脆在脸上涂着代表死亡的光圈。而玛雅人若想用象形文字表征这些神，便会抓住神最突出的特点加以夸张与抽象，因此常以头像表征。

　　有人说，玛雅文字所记载的并非玛雅人的宗教，而是历史，它们用自己独特的外形记载着王室人员的诞生、统治、死亡，以及战争等。

玛雅的象形文字
都被刻在哪里？

答：现存的玛雅象形文字，或是被刻在石碑和庙宇、墓室的墙壁上，或是雕在玉器上，甚至雕在贝壳上，当然，也有玛雅人利用类似于中国毛笔的毛发笔将象形文字描绘在榕树内皮或陶器上。

而且，现存的玛雅象形文字有很多，仅仅在科潘遗址一座金字塔的台阶上，就超过了2500个，而这便是享誉世界的巨型铭刻杰作之一——"象形文字梯道"：每级台阶宽8米，整整90级的石头台阶上布满了古怪而又精美无比的文字，不失为科潘一道亮丽的风景线。